वन मिनट
मेमरि माइन्ड मैनेजर

विश्वरूप चौधरी

डायमंड बुक्स

ISBN : 81-288-

प्रकाशक : डायमंड पॉकेट बुक्स प्रा. लि.
X-30, ओखला इंडस्ट्रियल एरिया, फेज-2,
नई दिल्ली-110020
फोन : 011-41611861
फैक्स : 011-41611866
E-mail : sales@diamondpublication.com
Website : www.dbp.in

वर्ष : 2008

टाइप सैटिंग : आर. एस. प्रिंट्स, नई दिल्ली-49

मुद्रक : आदर्श प्रिंटर्स, शाहदरा, दिल्ली-32

समर्पण

मेरे माता-पिता को जो

मेरे सृजनात्मक लेखन की प्रेरणा रहे हैं।

विषय-क्रम

अध्ययन में समय प्रबंधन

क्या प्राय: अपनी कृति के पुनर्निरीक्षण करने के समय के बारे में आप भ्रमित रहते हैं? क्या नव ज्ञान प्राप्ति के लिए आपको सही समय का इन्तजार है?

याद रखें हमारे दिमाग के काम करने का तरीका बिल्कुल ही अलग है। सर्वप्रथम में उस सूचना को पुर्नस्थापित करता है जो इसे सबसे बाद में प्राप्त हुई थी। इसलिए पुनर्निरीक्षण के लिए अंतिम घंटा निर्धारित रखेंगे तो तुलनात्मक रूप से कम समय में काफी विषयों को निपटा पाएंगे। इसी क्रम में नए विषयों के लिए दिन के बिल्कुल प्रारंभिक घंटे रखिए। इस प्रकार आप पुन: जोश में आएंगे और ताजा हुए दिमाग को सही प्रकार से पूरा प्रयोग कर पाएंगे। दोपहर की हल्की नींद या विश्राम दो घंटों से ज्यादा ऊर्जा और ताजगी प्रदायक हो सकती है, बशर्ते आप इसकी आदत डाल लें।

पुनर्निरीक्षण योजना

क्या आप उन लोगों में से हैं जो साल भर पढ़ाई में लगे रहते हैं और परीक्षा के पूर्व महसूस करते हैं कि उन्हें पूरा कोर्स ही दोहराना पड़ेगा?

यहाँ इस समस्या का जादुई समाधान यानी वैज्ञानिक रूप से सिद्ध सत्य यह है : किसी भी नई चीज को भूलने की पहली शुरुआत इसे सीखने के 24 घन्टों में होती है। इसलिए उस विषय का पहला रिवीजन या पुनर्निरीक्षण सीखने के 24 घन्टों के अन्दर ही होना चाहिए। इसी प्रकार द्वितीय रिवीजन 7 दिनों के अन्दर होना चाहिए क्योंकि यह क्रम भूलने के क्रम के साथ मिलकर उसे रोकेगा। इससे आपकी याददाश्त मजबूत और ताकतवर होगी और आप कोई भी सीखी जानकारी मनचाहे अवसर पर याद कर सकेंगे।

पुनर्निरीक्षण या रिवीजन का क्रमसूत्र

जब आप इम्तहान के लिए पहुँचे अपना पाठ्यक्रम दोहराना चाहते हैं तो आप भी कोई न कोई बँधा हुआ तरीका ही प्रयोग में लाते हैं न? यही हम कर सकते हैं। यह तरीका निम्नलिखित है-

पी. क्यू. आर. एस. टी.

पी. = प्रिव्यू (पूर्व परीक्षण)

क्यू. = क्वेश्चन (प्रश्न)

आर. = रीडिंग (पढ़ना)

एस. = सेल्फ रिलिटेशन (स्व-वाचन)

टी. = टेस्ट (परीक्षण)

यानी पी.क्यू.आर.एस.टी. तरीका। पहले पूर्व परीक्षण के उन विषयों को छाँट लें जिनकी तैयारी आपको करनी है। दूसरी स्थिति में क्वेश्चन करें यानी उन विषयों के प्रमुख प्रश्न छाँट लें। तीसरी स्थिति है रीडिंग-यानी हर विषय को ध्यान लगाकर पढ़ें तभी आपको सवालों के जवाब मिल पाएंगे। फिर स्थिति है स्व-वाचन की-इससे हर जवाब का मूल भाव आप अपने शब्दों में बोलकर स्पष्ट करें। अंतिम स्थिति है परीक्षण-यानी जो कुछ आपने अभी तक लिखा है उसे परीक्षित करें और देखें कि आप वास्तविक रूप में कितना जान पाए हैं। यही तरीका अपनाएं तो इम्तहान की तैयारी भी सुचारू रूप से हो जाएगी।

पुनर्एकीकरण
(रीइन्ट्रीगेशन)

क्या प्रश्न पत्र सामने आते ही आपका दिमाग बिल्कुल खाली हो जाता है? क्या आपको लगता है कि उस जानकारी को पार कर पाना असंभव है जो एक क्षण पहले तक आपकी जबान पर थी?

मेमरी (स्मृति) सम्बंधी शोधों से यह पता चलता है कि हमारे दिमाग को दुबारा वह जानकारी याद करने में आसान लगती है यदि वैसी ही परिस्थितियाँ हों जैसी उसे याद करते वक्त थीं। इस पूर्व प्रक्रिया को पुनर्निरीक्षण या रीइन्ट्रीगेशन कहते हैं। अत: इस बार यदि परीक्षा हॉल में प्रश्न-पत्र के आते ही आपको उत्तर याद करना दुरुह लगे तो मानसिक रूप से उन्हीं परिस्थितियों में जाइए जब आपने वह पहले याद की थी। जिस प्रकार वह जानकारी है उसको आकार सहित आँखों के सामने लाने का प्रयत्न करें। ऐसा करने में कुछ ही सेकेंड लगेंगे। आप अनुवांछित जानकारी अपने दिमाग में आसानी से प्राप्त कर सकेंगे।

जरूरत से ज्यादा पढ़ना

क्या आपने देखा है कि किसी विषय को पढ़ने में काफी समय लगाने के बावजूद उसके पुनर्निरीक्षण या रिवीजन में भी काफी समय लगता है?

मैं आपको अति-अध्ययन के सिद्धान्त से परिचित करवाकर इस समस्या का समाधान बताता हूँ। सुझाव यह है कि किसी विषय को सीखने/पढ़ने में कितना समय लगा है उसका एक तिहाई सीखने के तुरन्त बाद उसे दोबारा पढ़ने में लगाएं। ऐसा करके आप न सिर्फ पुर्ननिरीक्षण या निरीक्षण का समय काफी हद तक बचा सकेंगे वरन आपके दिमाग की किसी विषय को याद रखने की शक्ति भी बढ़ेगी। इसके इम्तहान के दौरान हमारे पास इतना समय भी नहीं होता कि किसी जानकारी को दोबारा याद करने का समय दे सकें। इन समस्याओं का समाधान इस अति अध्ययन सिद्धान्त से हो जाएगा। इससे आपको काफी सहायता मिलेगी और वांछित समय पर पुर्नस्मरण भी कर सकेंगे।

अपनी गति को दुगुना करें

क्या आपकी प्राय: यह कामना नहीं रही कि काश इम्तहान के पूर्व चौबीस घंटों को कुछ ज्यादा खींचा जा सकता होता? क्या आपने नहीं चाहा कि आप अपनी अध्ययन गति को एक सुपर स्पीड प्रदान कर सकते होते?

वैसे तेजी से पढ़ने से बड़ा लाभ मिलता है। पढ़ते हुए पाठ के आप मुख्य बिन्दु ज्यादा तेजी से और बेहतर योग्यता से समाहित कर सकते हैं। इसके लिए आपको प्रमुख शब्दों पर एकाग्र होते हुए लगातार पढ़ने की आदत डालनी पड़ेगी। यानी उन्हें एक निगाह में ही छाँटना और समझना भी पड़ेगा। तब पुनर्निरीक्षण के दौरान आप पाएंगे कि यह प्रमुख शब्द आपके लिए पूरे पाठ को समझने के लिए उम्दा सूत्र प्रदान करते हैं। वस्तुत: थोड़े अभ्यास के बाद आप पूरे पृष्ठ का मानसिक खाका खींचना सीख जाएंगे जिससे पुनर्निरीक्षण में भी कम समय लगा करेगा।

जबान की नोंक पर

कभी-कभी इम्तहान के दौरान सही शब्द याद नहीं आता यदि वह जबान की नोंक पर ही रखा रहे। क्या इसमें समय फालतू में जाया नहीं होता?

मेरे पास इसका भी समाधान है। जब भी आप वांछित शब्द को याद न कर पाएं तो अच्छा हो पूरे अध्याय को क्रम से दोहराना शुरु कर दें। जैसे ही आप सही अक्षर तक पहुँचेंगे जिसमें वह वांछित शब्द छिपा है, आपको वह शब्द याद आ जाएगा। शुरु-शुरु में यह लग सकता है कि इस प्रक्रिया में तो काफी समय बर्बाद हो रहा है, लेकिन अंधेरे में तुक्का मारने से तो यह तरीका बेहतर है। अपनी स्मृति पर भरोसा रखते हुए इस तरीके को अपनाइए और आपको वांछित भूला शब्द याद आ जाएगा।

व्यवधान (इन्टरफीयरेन्स)

इम्तहानों के दौरान ज्यादा पढ़ने से कभी-कभी दिमाग में एकत्रित जानकारी गड्डमड्ड होने लगती है और समझ में नहीं आता कि कौन सी जानकारी किस विषय की है। यह शायद ज्यादा देर तक पढ़ने के कारण होता है।

इंग. इति.

गणित विज्ञान

हिन्दी

जब ऐसी परेशानी हो तो अपने समय को निरुपित खानों में बाँट दें और उन्हें एक-एक विषय के सुपुर्द कर दें। यह बेहतर तरीका है बजाए एक ही विषय पूरे दिन पढ़ने के। विषय का परिवर्तन दिमाग में स्वतः अवरोध करने लगेगा और एक विषय का दूसरे में व्यवधान पैदा करने की प्रक्रिया पर भी रोक लग जाएगी।

पुनरावलोकन करने का अभ्यास

इम्तहान के पूर्व प्राय: जब आप आराम करना चाहते हो, चिन्ताएं आप पर हावी हो जाती होगी? है न?

बेहतर हो आप इस आराम के टाइम को रिव्यू के लिए रख लें। जब पढ़ाई से विश्राम पाने के लिए लेटें तो मानसिक रूप से अपने अध्ययन के बारे में आत्म परीक्षण करें। पूरे दिन का रिव्यू शुरुआत से करें तथा उसी क्रम से उनका आकलन करें जैसे घटनाएं हुई हैं। इस दौरान अपने प्रमुख विचार या प्रतिक्रिया को भी मानसिक रूप से रेखांकित करते रहें। इस प्रकार आप अपने विश्राम के समय से ज्यादा उपयोगी रूप से प्रयुक्त कर पाएंगे और दूसरा याद करने की अपनी ताकत में भी इजाफा पैदा कर सकेंगे। इस प्रक्रिया का अपने अध्ययन पर अलग से बेहद धनात्मक प्रभाव पड़ेगा।

भटकाव से बचें

क्या आप अपने अध्ययन के दौरान पूरी तरह सजग या सतर्क रहना चाहते हैं? क्या अपकी यह ख्वाहिश नहीं कि इस दौरान आपका ध्यान अध्ययन से कहीं और न भटके?

इसके लिए आपको अपनी पोशाक सही रखनी पड़ेगी, यानी अध्ययन काल के दौरान ढीली-ढाली व आरामदेह पोशाकें ही धारण करें। वैसे यदि आप वही ड्रैस पहनकर अध्ययन में बैठते हैं जो धारण कर आप इम्तहान देने जाएंगे तो भी आपका दिमाग पूरी तरह केन्द्रित रहेगा तथा न सिर्फ क्षिप्र गति से वरन ज्यादा योग्यता से भी काम करेगा।

ऊर्जा के लिए उचित व सम्पूर्ण आहार

क्या आपको ऐसा लगता है कि पौष्टिक खुराक लेने के बावजूद भी ऊर्जा कम ही मिल रही है? क्या आपने इस प्रकार अपने पोषण के बारे में सोचा है?

इसका समाधान है कि विभिन्न भोज्य पदार्थों के अनुचित संयोग से बचना। याद रखें प्रोटीन देने वाले खाद्य पदार्थों को पचाने के लिए एक अम्लीय माध्यम चाहिए जबकि कार्बोहाईड्रेट्स के पाचन के लिए क्षारीय माध्यम जरूरी होता है। यदि इनको अमल तरीके से हम खाएंगे तो इसका परिणाम होगा पाचक-रसों का एक दूसरे को निष्क्रिय कर देना और अंततः अपच पैदा करना। इसलिए ऐसे खाद्य पदार्थों को अलग-अलग समय पर ही खाएं-एक साथ नहीं।

स्वयं को प्रेरणा दीजिए

क्या आपको ऐसा महसूस हुआ है कि जीवन में आप सफलता की ऊँचाईयों पर चढ़ना चाहते हैं पर आप ऐसा नहीं कर पाते।

इसका कारण यही है कि आप में स्वयं प्रेरक शक्ति का अभाव रहा है। आप पूरी तरह प्रेरित नहीं हो पाते। ऐसा तभी संभव होगा जब आपकी हर विषय पर सोच धनात्मक रहेगी। सदैव अपने मस्तिष्क में अपनी गरिमामयी छवि स्थापित रखें-यही सोचें कि आपका भविष्य कितना उज्जवल है और आप मंजिल पर पहुँचने ही वाले हैं। इससे आपको निरंतर प्रेरणा मिलेगी और मानसिक रूप से ही नहीं सशरीर आप अपनी वांछित मंजिल प्राप्त कर सकेंगे-यानी वह स्थिति प्राप्त कर लेंगे जिसके लिए आप स्वयं को योग्य समझते हैं।

परीक्षा के दौरान स्व-प्रेरणा

आप दिन के आखिरी घंटे तक प्रेरित रहना चाहते हैं न? या कभी-कभी आप स्व-प्रेरणा के अभाव का रोना रोते रहते हैं?

वैसे ऐसा ज्यादातर लोग महसूस करते हैं इम्तहानों के दौरान खासतौर पर जब आधे इम्तहान हो चुके हों। लेकिन जब ऐसा सम्मोह आपको परेशान करे तो अपने दिमाग को एक स्पष्ट और जोरदार संदेश भेजिए कि कुछ दिन के बाद ही इम्तहान खत्म हो जाएंगे और तब वह (मस्तिष्क) खूब आनन्द उपभोग कर सकता है। जैसे ही ऐसा एकाध बार करेंगे, दिमाग के द्वारा आप एक नई प्रेरक शक्ति और साथ ही विश्रांति का सुख महसूस करेंगे। ऐसा करके आप अपने दिमाग को प्रेरक-रोधक शक्तियों के अतिक्रमण से निजात दे पाएंगे और नई शक्ति से काम में जुट जाएंगे। इसका आपके अध्ययन पर बहुत अच्छा प्रभाव पड़ेगा।

धनात्मक रहें

कभी-कभी जब आप अवसादग्रस्त होते हैं तब आपकी निश्चित रूप से कामना होती है कि काश जीवन के धनात्मक पहलुओं पर ही ध्यान केन्द्रित कर पाते?

वैसे मैंने एक प्रक्रिया बनाई है जिसके द्वारा आप सदैव अपने दिमाग को जीवन के धनात्मक पहलुओं पर ही विचार करने को बाध्य कर देंगे। अपनी कलाई पर एक रबड़ बैंड बांध दें। जब कभी भी दिमाग में ऋणात्मक विचार आएं, उस बैंड को खींच दें। इसके हाथ पर (कलाई पर) दर्द होगा और दिमाग स्वत: ऋणात्मक विचारों को दर्द और पीड़ा के साथ देखने लगेगा। धीरे-धीरे आपके मस्तिष्क की स्वाभाविक वृत्ति हो जाएगी कि वह धनात्मक दृष्टि से ही सोचे। ऋणात्मक विचार आना ही बन्द हो जाएंगे। ऋणात्मक विचारों के साथ तन्हाई या अकेलेपन का एहसास भी गायब होने लगेगा। इस तरीके के प्रयोग से आप दांतों से नाखून चबाने की आदत से भी त्राण पा सकते हैं।

जीवन में पुनः जोश भरें

क्या आपने विचार किया है कि इम्तहानों के दौरान प्रायः आप चाहते हैं कि आपके शरीर और दिमाग में एक सही संतुलन कायम रहे।

इस समस्या का समाधान है कि रोज सुबह दर्पण के सामने खड़े होकर स्वयं पर हँसो। हँसने से शरीर मे ंएक रसायनिक क्रिया होगी जो आपके शरीर को हर्षित अवस्था तक ले आएगी। इसके अलावा यह क्रिया शरीर और मन पर भी संतुलन स्थापित कर देगी। अपने शरीर और मन को बढ़िया स्थिति में रखने का यह एक आदर्श टॉनिक है-बीमारियाँ इसके पास नहीं फटक सकतीं। इसलिए शरीर को हँसी के इलाज से निरंतर पुनः आवेशित करते रहिए और देखिए कि आपके चारों ओर का विश्व कैसे, मानों क्षण-मात्र में,एक बेहतर दुनिया में बदल जाता है।

निद्रा - एक जादुई खुराक

क्या आप उनमें से हैं जो ध्यान एकाग्र करने में अपनी नींद से हाथ धो बैठते हैं? क्या एकाग्रता की कमी आपके क्रिया-कलाप में बाधा बनकर उभरती है? यदि ऐसा ही है तो इसका अचूक इलाज है-नींद।

यद्यपि जाहिरी यह सत्य बकवास लगे परन्तु सत्य यह है कि एकाग्रता और नींद के मध्य एक मजबूत जुड़ाव है। सत्य तो यह है कि नींद के दौरान दिमाग अपने को पुनर्व्यवस्थित करता है। जब हम सोते हैं तो दिमाग दिनभर की इकट्ठी की गई सूचनाओं को पुनर्व्यवस्थित कर देता है। इस प्रकार यदि हमारा सोचने का एक नियमित समय हो तो हम अपने शरीर को भी ज्यादा आवेशित रख सकते हैं और दिमाग भी उच्च श्रेणी की एकाग्रता प्राप्त कर लेगा।

श्वसन-क्रिया

क्या परीक्षा हॉल में घुसते ही आप नर्वस हो जाते हैं? क्या आपका चित्त अस्थिर हो जाता है और मानसिक स्थिरता प्राप्ति के लिए किसी आधार की तलाश की दरकार महसूस होने लगती है?

यदि ऐसा है तो मेरे पास इसका इलाज है। जब भी आप तनाव महसूस करें, किसी आरामदायक स्थिति में विराजमान होकर हाथ, पाँव, गर्दन और कंधों को ढीला छोड़ दें। फिर मुँह बंद रखते हुए साँस तब तक खींचें जब तक कि आपके फेफड़े हवा से पूरी तरह भर न जाएं। थोड़ी देर उसे अन्दर रखकर धीरे-धीरे साँस को मुँह के द्वारा बाहर निकालिए। साँस अंदर खींचने तथा उसको कायम रखकर छोड़ने का आदर्श अनुमान 1:4:2 माना जाता है। इस तरह के प्राणायाम से दिमाग को भी आराम मिलेगा और चित्त में शांति और स्थिरता कायम हो सकेगी।

मानसिक उद्दीपन

जिस प्रकार भौतिक रूप से शरीर को ठीक रखने के लिए शारीरिक व्यायाम जरूरी है उसी प्रकार दिमाग को दुरुस्त रखने के लिए मानसिक उद्दीपन की दरकार होती है।

वस्तुतः मानसिक उद्दीपन आपकी स्मृति को अच्छी हालत में रखती है। मानसिक उद्दीपन का एक तरीका है छोटी-छोटी कविताओं को याद कर उन्हें कई बार पढ़ना और फिर उन्हें भौतिक रूप में देखने की चेष्टा करना या 'विज़्वलाईज' करना। इस कविता का निरंतर पाठ इस प्रकार करें कि वह कायम रहे और मुख्य अंश जो कविता के मूल भाव की अभिव्यक्ति करते हैं, स्पष्टता से उभरते रहें। इस मानसिक व्यायाम से न सिर्फ कविता भी हमेशा याद रहेगी वरन् आपका दिमाग भी उद्दीपित होकर बेहतर काम करेगा।

आहार-दिमाग और शरीर के रूप

क्या आप अपने शरीर व दिमाग की दुरुस्तगी के लिए चिंतित हैं पर भ्रम में हैं कि इनका आदर्श आहार क्या हो? क्या आपकी समझ में नहीं आता कि इनकी आदर्श स्थिति के लिए क्या खाया जाए और क्या न खाया जाए?

दिमाग के सही क्रिया से इलाज करने के लिए मूल आहार है ग्लूकोज-इसका सबसे आसान स्रोत है फन्टोज जो फलों में पाया जाता है। एक फल 30 से 40 मिनट में पच जाता है और इस प्रकार शरीर-ऊर्जा बनती है जिससे अन्य उत्पादक प्रयोगों में काम में लाया जा सकता है इसलिए परीक्षाओं के दौरान ज्यादातर बिना पकी सब्जियों और फल का सेवन ही करना चाहिए। इसके अतिरिक्त याद रखें कि जब पेट पूरा भरा हो तब फल न खाएं नहीं तो उसका पूरा पौष्टिक फायदा आपको नहीं मिल पाएगा।

स्मृति-घर

कभी आपने सोचा है कि जिन उत्तरों में स्पष्ट प्वाइंट्स हों, उनको किसी पद्धति के आधार पर याद रखना कितना सहज रहता है? मैं इस बारे में आपको पुरानी पद्धति से परिचित करा सकता हूँ जो एक आर्किटेक्ट द्वारा एक साँचे के रूप में प्रयुक्त की जाती है। इसके लिए आपको अपने घर के चारों तरफ एक सुनियोजित तरीके से चक्कर लगाना पड़ेगा-यानी बाकायदा कमरे से कमरे में जाकर। ऐसा करने में आपको कई संपादित 'खूटियाँ' मिलेगीं, जिन पर आप वह आँकड़े टाँग सकते हैं जिन्हें आप याद रखना चाहते हैं। उदाहरण के लिए आर्यों का सामाजिक जीवन आप अपने बेड रूम में रख सकते हैं। उनके भोजन का तरीका अपनी ड्रेसिंग टेबिल पर, उनके खेलकूद इत्यादि अपनी कपड़े की अलमारियों इत्यादि में। जब भी आपको कोई उत्तर (किसी सम्बन्धित प्रश्न का) पाना हो तो आप उसी जगह चले जाएंगे जहाँ सम्बन्धित आँकड़े आपने 'टाँगे' हुए हैं। इस प्रकार उनको आसानी से स्मरण में रख सकते हैं।

अपनी स्मृति को दौड़ाइए

जब आप काफी देर तक पढ़ चुके हों तो आपको अपनी याददाश्त को दौड़ाने की जरूरत नहीं होती?

ऐसा करने का एक अच्छा तरीका है जो पाठ आप पढ़ रहे हैं उससे सम्बन्धित प्रमुख शब्द या नोट छोटी-छोटी पर्चियों में लिखकर उन्हें कई जगह चिपका दें-खासतौर पर ऐसी जगह जहाँ से दिन भर में आप बार-बार गुजरेंगे। उदाहरण के लिए कबर्ड (अलमारी), फ्रिज, दर्पण या टेलीविजन पर भी। इस प्रकार आप उन्हें बार-बार देखेंगे और इस बहाने आपकी स्मृति स्वतः दौड़ लगाती रहेगी और आपको शीघ्र तरोताजा करती रहेगी।

तुरंत ऊर्जा वर्द्धक

क्या इम्तहान से पहले कभी आपको ऊर्जा वर्द्धकों (द्रवों या पदार्थों) की आवश्यकता महसूस हुई है?

देखिए आपके लिए एक जादुई ऊर्जा वर्द्धक मेरे पास है। आप आराम से बैठकर अपनी तोंद पर ऐसे हाथ रखें जैसे आप किसी गुब्बारे को पकड़े हैं। अब नाभि-बिंदु से अपने पेट को पिचकाइए और जोर से नाक से उसी तरह जोर से साँस छोड़िए जैसे पेट पिचका रहे हैं। अब मुँह से साँस खींचते हुए पेट को फुलाइए। धीरे-धीरे ऐसा करने की रफ्तार बढ़ाते रहिए। ऐसा करने से आपकी देह और दिमाग दोनों ऊर्जास्वित महसूस करेंगे और आप पूर्ण विश्वास के साथ अपनी परीक्षा के लिए तैयार हो पाएंगे।

मानसिक अलार्म घड़ी

इम्तहान के दौरान आपको अलार्म घड़ी से चिढ़ हो जाती होगी और इससे आप त्राण पाना चाहते होंगे?

ऐसा करने का एक तरीका है। याद रखें दिमाग से ज्यादा योग्य और कारगर अलार्म घड़ी अभी तक बनी ही नहीं है। इसलिए यदि आप सुबह जल्दी उठना चाहते हैं तो अलार्म लगाने की जगह, सोने के पूर्व दस मिनट तक कुर्सी पर बैठें और पूरी तरह स्वस्थ और ताजा और स्फूर्तिवान महसूस करते हुए पूरी भावना अपनी वाणी में भर कर स्वयं से कहें कि कब आपको बहुत जल्दी उठना है। मानसिक रूप से भी अपने को दूसरे दिन सुबह वांछित समय पर उठते हुए देखें। यदि आप पूरी निष्ठा से यह तरीका दो तीन बार दोहराएंगे तो आपको मनचाहे परिणाम प्राप्त होने लगेंगे।

पानी : ब्रह्माण्डीय द्रव

कभी आपने उस 'परफैक्ट माइंड चार्जर' पर विचार किया है-यानी वह जो आपको तुरंत ऊर्जस्वित कर आपके दिमाग को तुरंत तरोताजा कर देता है?

यह बात दिमाग में रखें कि आपके दिमाग को नियंत्रित करने वाला द्रव वही ब्रह्माण्डीय द्रव-पानी है। अन्य खाद्य पदार्थों और द्रवों की तरह पानी ज्यादा पीना आपके शरीर में कोई व्यवधान नहीं डालता है। इसके विपरीत पानी तो शरीर में जमा जहरीले पदार्थों को निकाल बाहर करता है और पूरे शरीर को नई ऊर्जा प्रदान कर देता है। लेकिन आपको एक आदत डालनी पड़ेगी कि भोजन से आधा घंटा पूर्व और-आधा घंटा पश्चात तक पानी नहीं पिएंगे। इस दौरान पीने के कारण पेट में निकलने वाले पाचक रस काफी हल्के हो जाते हैं और उनके पचाने की शक्ति भी क्षीण हो जाती है। इस कारण शरीर को उतना ही भोजन पचाने के लिए ज्यादा मेहनत करनी पड़ती है और इस प्रकार ऊर्जा व्यर्थ में खपती है।

भोजन-समूह

क्या आपको ज्ञात है कि विभिन्न भोजन समूह होते हैं जिसका ध्यान रखना मजबूत शरीर में प्रखर मस्तिष्क पाने के लिए आवश्यक है।

समूह 1 प्रोटीन्स : चीज़, अण्डे, दूध, मांस, नट्स (मूंगफली, बादाम इत्यादि) एवम् सोयाबीन्स

समूह 2 गैर स्टार्च वाली सब्जियाँ : चुकन्दर, हरी सब्जी, मशरूम, टमाटर, शलगम

समूह 3 स्टार्च वाले कार्बोहाइड्रेट्स : केला, ब्रेड, अनाज, आलू, कद्दू

समूह 4 हल्के स्टार्च वाली सब्जियाँ : गाजर, मक्का, मटर, गोभी

समूह 5 वससा और तेल : मक्खन, मलाई, मेल

इनका कारगर संयोजन

समूह 1 + समूह 2 = बहुत बढ़िया

समूह 2 + समूह 3 = बहुत बढ़िया

समूह 1 + समूह 5 = बेकार

समूह 4 + समूह 3 = अच्छा

समूह 5 + समूह 3 = अच्छा

स्मृति को साँस दिलवाना

क्या मानव स्मृति-तंत्र में साँस की महत्ता आपको ज्ञात है। स्मृति को प्रखर एवम् तीव्र करने के लिए ऑक्सीजन की सही स्तर तक बहुत जरूरत होती है।

बिना ऑक्सीजन के दिमाग उच्चकोटि के स्तर पर काम नहीं कर सकता। श्वसन-व्यायाम एवम् प्राणायाम द्वारा फेफड़े फैलते हैं जिससे दिमाग में ऑक्सीजन की आपूर्ति बढ़ जाती है।

पूर्ण सांस (चक्र)

1. सीधे खड़े हों या तन के बैठें-यानी रीढ़ की हड्डी सीधी रहे।

2. नाक से सांस खींचे और फेफड़ों का नीचे का हिस्सा पहले भर लें। इससे आपका पेट थोड़ा बाहर निकल आएगा।

3. नीचे की पसलियों ब्रेस्टबोन और छाती को थोड़ा दबाते हुए अब फेफड़ों का मध्य भाग भर लें।

4. ऊपर की छाती या ऊपर की 6-7 पसलियों को फैलाते हुए अब फेफड़ों का सबसे ऊँचा हिस्सा हवा से भरें।

5. थोड़ा पेट दबाएं जिससे फेफड़ों का सबसे ऊँचा हिस्सा पूरा हवा से भर जाए।

6. अब सांस को थोड़ी देर रोके रखें। ऐसा करने से फेफड़ों की सतह से हवा को सर्वाधिक सम्पर्क मिलेगा, जिससे ऑक्सीजन की शरीर में सही आपूर्ति हो सकेगी।

7. अब धीरे-धीरे साँस छोड़ें लेकिन छाती की स्थिति को यथासंभव अपरिवर्तनीय रखें, पेट को थोड़ा पिचका लें और जरा सा ऊपर भी उठाने का प्रयत्न करें। जब साँस निकालने की प्रक्रिया पूरी हो जाए तो छाती और पेट को विश्राम देने को ढीला छोड़ दें।

शरीर और मस्तिष्क को जीवंत रखने के लिए यह सम्पूर्ण श्वास प्रक्रिया बेहद जरूरी अभ्यास है। धीरे-धीरे श्वसन प्रक्रिया को 2 या 3 सेकेंड्स तक खींच के ले जाएं।

दबाव से तुरन्त आराम पाने की प्रक्रिया

क्या आपको दबावों के प्रतिफल मालूम हैं कि किस प्रकार यह आपकी एकाग्रता में व्यवधान डालता है? क्या आपको ज्ञात है इससे कैसे निजात पाई जा सकती है?

वस्तुत: चिन्ता का सबसे बड़ा नुकसान यह है कि यह अपनी एकाग्रता लाने की क्षमता को खत्म करती है। चिन्ता में हमारा दिमाग अस्थिर रहता है और हम कोई निर्णय भी नहीं ले पाते। लेकिन जब हम तय कर लेते हैं कि हमें सर्वाधिक बुरी संभावना का सामना करना है और यह स्थिति स्वीकार कर लेते हैं तो फालतू कल्पनाओं से तो हमें त्राण मिलता ही है, हम उस स्थिति में भी पहुँचते हैं जहाँ पर हम समस्या पर सुचारू रूप से एकाग्रता से विचार कर सकते हैं।

इसे करें : पहले पूरी स्थिति का विश्लेषण पूरी निष्पक्षता से करें और सोचें कि यदि आप असफल रहे तो सर्वाधिक बुरी संभावना क्या होगी। उसके बाद शान्त चित्त से उस सर्वाधिक बुरी स्थिति से उबरने के उपाय सोचें जिसे आपने मानसिक रूप से (घटित) स्वीकार कर लिया है।

अनिद्रा की स्थिति से त्राण पाना

क्या नींद को लेकर आपकी कोई समस्या है? क्या किसी तरह से नींद को लेकर आप परेशान हैं। नीचे इन समस्याओं के निराकरणार्थ कुछ दिशा-निर्देश दिए गए हैं जो आपको अनिद्रा की स्थिति से उबार सकते हैं।

1. शरीर में कितनी कैफीन जाती है इसका हिसाब लगाइए। हो सकता है रात के भोजन के बाद एक प्याला चाय या कॉफी सब गड़बड़ कर रहा हो। दिन भर कैफीन का लगातार शरीर में प्रवेश इसके स्तर को इतना बढ़ा सकता है कि शरीर सोने के वक्त तक उससे मुक्ति ही न पा पाए।

2. उच्च प्रोटीन वाले भोजन से परहेज करें-खासतौर पर सोने के तुरंत पूर्व तो उच्च प्रोटीन युक्त भोजन कतई न करें। यह प्रोटीन टूटकर एमीनो एसिडों में बदल जाते हैं जिससे ट्रिप्टोफैन का मस्तिष्क में प्रवेश रुक जाता है। फलस्वरूप ब्रेन की सहज विश्रांति पाने की प्रक्रिया में व्यवधान आ जाता है और नींद नहीं आ पाती। (ट्रिप्टोफैन मस्तिष्क को आराम देता है और नींद आने में सहायक रहता है)।

3. नींद का समय और अवधि नियमित रखें। यदि इनमें बार-बार फर्क आएगा तो नींद आने में समस्या जरूर पैदा होगी। नियमित समय पर बिस्तर में जाएं और बिस्तर छोड़ें।

इम्तहान के दौरान दबाव से पार पाना

क्या इम्तहान के दौरान आप दबाव महसूस करते हैं? क्या आपकी पठन-पाठन क्षमता इससे प्रभावित होती है?

वस्तुतः दबाव आपकी स्मृति का दुश्मन है। दबाव में आप सादी सी चीजें भी भूल जाती हैं-ऐसा परीक्षण के दौरान पाया जाता है। यदि आप दबाव में हैं तो याददाश्त की खिड़की तो लगभग बन्द ही हो जाती है-या कई अवरोध उसके सामने पैदा हो जाते हैं क्योंकि दिमाग की पूरी ताकत तो शारीरिक दबाव को झेलने में लग जाती है। इतना मानसिक दबाव से फर्क नहीं पड़ता।

यदि परीक्षण के दौरान आपको भी ऐसी अनुभूति हो तो अपनी आँखें बन्द कर एक गहरी साँस खींचें। इस प्रकार विश्रांति पाने के यदि आप अभ्यस्त हो सके तो यह क्षणिक विश्राम आपकी दबाव की समस्या को काफी हद तक दूर कर देंगे।

धनात्मक शरीर-वृत्ति

(Positive Physiology)

क्या आप अपनी शरीर और इसकी वृत्ति से परिचित हैं? इसका काफी प्रभाव आपकी मानसिक वृत्ति पर पड़ता है!

सदैव सीधे खड़े होने की आदत डालें। यदि आप सदैव अपना सिर ऊँचा रखेंगे तो इसका प्रभाव निश्चित रूप से आपकी मानसिक वृत्ति पर भी पड़ेगा। इसके अलावा दूसरों पर तो आपका प्रभाव ऐसा करने से बेहतर पड़ेगा ही।

यदि कभी आप अपने बारे में ज्यादा अच्छा न सोच रहे हों तो धनात्मक रूप से सोचना प्रारंभ करें। उदाहरण के लिए कोई विगत का सुखद अनुभव याद करें या अपने दिमाग को मुक्त रहने को छोड़ दें।

मस्तिष्क-विस्फोटक

क्या कभी आपने एल्कोहोल का अपनी स्मृति-तंत्र पर प्रभाव पर आकलन किया है? क्या आप जानते हैं कि एल्कोहोल किस प्रकार आपके स्नायु संस्थान को क्षति पहुँचाता है।

एल्कोहल आपकी कोशिकाओं को क्षतिग्रस्त करता है-यह तो शायद सभी को मालूम है। हर बार जब कोई नशे में धुत्त होता है तो उसकी हजारों स्नायु कोशिकाएं मर जाती हैं जो कभी दुबारा नहीं बनतीं या नवीकृत होतीं। इसलिए अपने दिमाग को इस क्षति कारक तत्त्व से बचाएँ जो आपकी स्मृति के लिए भी घातक है। यदि एल्कोहोल लेना ही हो तो बहुत थोड़ी मात्रा में ग्रहण करें।

स्मृति (वर्द्धक) पेय

आपको मालूम है कि कई पेय पदार्थ एवम् द्रव स्मृति वर्द्धन में काफी योगदान करते हैं?

सुनिश्चित करें कि आप ऐसे पेय पीते रहें-एल्कोहल नहीं बल्कि जीरो-कैलोरी वाले मिनरल वाटर और मिनरल वाटर मिले रस (फलों के)। सभी प्रक्रियाएं सुचारु रूप से चलाने के लिए हमारे शरीर को रोज लगभग डेढ़ लीटर पानी की जरूरत होती है। इसलिए यदि हम पर्याप्त मात्रा में पानी नहीं पिएंगे तो हमारी स्मृति पर भी उल्टा असर पड़ेगा। अच्छा रहे कि अपने दिन भर की पेय सबकी खुराक सुबह ही तैयार कर लें और थोड़े-थोड़े अंतराल के बाद उसे पीते रहें।

अन्यमनस्कता का इलाज (Care of absent mindedness)

क्या आप इस स्थिति से गुजरते हैं-आपने कार तो पार्क कर दी है। थोड़ी देर बाद आप संशय में हैं कि आपने उसकी बत्ती बंद कर दी कि नहीं?

ऐसे हादसे शायद सभी के साथ होते हैं। इसलिए आदत डालिए कि जब आप कार छोड़ें, कल्पना में कार को पीली इमारत-बत्ती के साथ अपनी छत पर जलता बुझता देखें। यह असाधारण दृश्य आपको सदैव कार की बत्ती बन्द करने की याद दिलाता रहेगा।

इसी प्रकार आप अपने प्रेशर कुकर को भी बन्द करना नहीं भूलेंगे-घर से जाते समय-यदि आप घर से बाहर जाते समय कल्पना में सोचें कि पात्र से पानी निकालकर स्विच को अपने हाथ से बन्द कर दिया है। ऐसी कल्पना शीलता कई हादसे बचा सकती है।

एक सेब चबाकर खाएं

क्या आप जानते हैं कि सेब में स्मृति संरक्षण की क्षमता है? हमारे स्मृति-तंत्र में इसका काफी महत्त्व है।

एक दिन में दो सेब खाना स्नायु विशेषज्ञों को सदा के लिए दूर रख सकता है। "सेबों में एन्टी-ऑक्सीडेन्ट्स की सही मात्रा होती है जिससे एसीटिलकोलाइन-एक यूरोट्रान्समीटर-का स्तर बढ़ जाता है जो स्मृति वर्द्धन के लिए एक आवश्यक तत्त्व है। उम्र के साथ इसमें भी घटाव आने लगता है।" इसके अलावा रोजमर्रा के चयापचय प्रक्रिया में जो मुक्त रैडीकल्स पैदा होते हैं-जैसे शरीर की कोशिकाओं द्वारा ग्लूकोज का प्रोसेस करना-वे मेमरि या स्मृति सम्बन्धी ब्रेन सेल्स को क्षतिग्रस्त कर सकते हैं। सेब में उपलब्ध एण्टी ऑक्सीडेन्ट्स इन्हीं मुक्त रैडिकल्स से दिमाग की स्मृति कोशिकाओं का बचाव करता है।

वर्ग पहेलियाँ हल करें

जिस प्रकार शरीर स्वस्थ रखने के लिए शारीरिक व्यायाम जरूरी हैं, जैसे ही दिमाग के लिए कुछ मानसिक व्यायाम आवश्यक हैं।

ऐसी वर्ग पहेली सदृश समस्याओं के समाधान से न सिर्फ आप मानसिक रूप से चुस्त दुरुस्त रहते हैं वरन् दिमाग के अन्दर की नेटवर्किंग को क्रियाशील कर विभिन्न हिस्से से जोड़कर स्मृति वर्द्धन भी करते हैं। जैसे यदि आप सीधे हाथ से काम करते हैं तो कभी उल्टे हाथ से काम करके देखें। वर्ग पहेली, सुडूकू, स्क्रैच सदृश खेल दिमाग को चुस्त दुरुस्त रखते हैं।

अपने दिमाग पर भरोसा करें

क्या आपको ज्ञात है कि हमारा दिमाग हमारी इच्छा शक्ति के अनुरूप काम करता है? हम दिमाग की क्षमता अपनी इच्छा शक्ति को दृढ़ बनाकर बढ़ा सकते हैं।

क्या आप अपने भुलक्कड़पन के बारे में चिंतित हैं? ऐसा करना छोड़ दें, क्योंकि कभी-कभी स्मृति का भटकाव एक साधारण प्रक्रिया है और इसके बारे में चिन्ता स्थिति को और बिगाड़ देगी। 'साइकलॉजि और ऐजिंग' (आयुवर्द्धकता का मनोविज्ञान) के विषय, नार्थ कारोजीना में एक शोध में यह पाया गया कि जब एक समूह वृद्धों का बताया गया कि उम्र बढ़ने से स्मृति कम होती है तो परीक्षण के दौरान उनका प्रदर्शन और खराब हो गया। लेकिन जब एक दूसरे वृद्ध समूह से यह कहा गया कि उनकी याद करने की क्षमता में आयु से कोई खास फर्क नहीं पड़ता तो उनका प्रदर्शन स्वत: ही पहले वाले समूह से अच्छा रहा। इसलिए अपने दिमाग पर भरोसा रखें और ऋणात्मक सोच से बचें।

स्मृति खण्ड में आप अपने अनुभूत नोट्स को यहाँ पर लिख दें...

दिमाग

स्वयं को सीमित करने वाले विश्वासों को त्याग दो

कभी आपने कोई शिशु-हाथी देखा है। शैशवास्था में इसका ट्रेनर इसके पैरों में एक लकड़ी का तख्ता डाल देता है जिससे यह कहीं भाग न पाए। कुछ समय बाद यह हाथी जब जवान होता है तो भीमकाय हो जाता है जो पेड़ तोड़ सकता है और चट्टानों को खिसका सकता है लेकिन शाम को इसका ट्रेनर इसे फिर उसी तख्ते में जकड़ देता है जैसे पहले करता था और दिलचस्प बात यह है कि यह अब चाहे तो तख्ता समेत या उसे तोड़ के भाग सकता है, पर ऐसा करता नहीं। क्या चीज इसे ऐसा करने से रोकती है-इसकी स्वयं को सीमित समझने वाली सोच। कल्पना करें कि शक्ति का प्रतीक हाथी अपने विभिन्न सोच के कारण स्वयं को कितना असह्य महसूस करता है कि एक तख्ते से बँधा रहता है।

यदि आपके कोई ऐसे स्वयं को चित्रित करने वाले विश्वास हों तो उनकी यहाँ पहचान बनाएं।

यदि तुम समझते हो कि तुम कुछ कर सकते हो या समझते हो कि नहीं कर सकते तुम साधारणतया सही ही समझते हो।

हेनरी फोर्ड

किस तरह विश्वासों में मजबूती आती है

किसी संदर्भ के जरिए हमारा विश्वास बनता है। विगत के आधार पर भी हमारा विश्वास विकसित हो सकता है। लेकिन विगत का अनुभव तो हमारे नियंत्रण में नहीं। इसलिए जो कामयाब लोग होते हैं वे कल्पना से अपना वांछित संदर्भ निश्चित करते हैं जो उनके विश्वास में दृढ़ता पैदा करता है। यह विश्वास की दृढ़ता काल्पनिक संदर्भ की ही देन होता है।

विगत का अनुभव

संदर्भ विश्वास

कल्पना

इस प्रकार हमें हमारी मंजिल तक ले आने में कल्पना की महत्त्वपूर्ण भूमिका है। इसी तथ्य को रेखांकित करते हुए आइन्सटीन ने कहा था: "कल्पना ज्ञान से भी ज्यादा महत्त्वपूर्ण है।"

इस संदर्भ में हम ओलंपिक गोल्ड मेडलिस्ट और पेशेवर टेनिस खिलाड़ी वीनस विलियम्स की उक्ति दोहरा सकते हैं: "तुम्हें अपने पर तब विश्वास करना पड़ेगा जब ऐसा कोई नहीं करता हो। यही सोच तुम्हें जीवन में विजेता बनाती है।"

आपका यह काल्पनिक संदर्भ क्या है जो आपको अपने लक्ष्य की तरफ प्रेरित करती है?

"प्रत्येक सत्य सिर्फ मानव कल्पना से ही एक साकार और अखण्डनीय अस्तित्व पाता है। जीवन की भांति अन्वेषण नहीं कल्पना ही कला की महास्वामिनी है।"

जोसेफ फोनार्ड

स्वप्न-पथ

जब हम किसी स्वप्न या अपेक्षित लक्ष्य के बारे में पूरी निश्चितता से विश्वास करने लगते हैं, हम उसे भावनात्मक रूप में महसूस भी करने लगते हैं। यह भावना ही हमें उस पथ पर आगे बढ़ने की शक्ति देती है जिस पर हम अपना वांछित परिणाम प्राप्त करते हैं।

विगत के परिणाम

विश्वास भावना

कल्पना वांछित परिणाम

आपका वह क्या लक्ष्य है जो निश्चितता के साथ पाना चाहते हैं?

"मेरे लिए मेरा वह विश्वास सत्य बन सकता है जो मुझे अपनी ताकत का सर्वश्रेष्ठ इस्तमाल करने देता है और अपने गुणों को कार्यरूप में परिणित करने के लिए सर्वाधिक सही माध्यम प्रदान करता है।"

आन्द्रे गिडे

ड्रीम (स्वप्न)

(ड्रीम के अक्षर हैं DREAM)

D उसके बारे में Decesion लें जो आप उपलब्ध करना चाहते हैं और

R अपनी कल्पना का प्रयोग कर अपने उस Dream के साथ Relate करें,

E वह Emotion जो शक्ति प्रदान करेगा

A उस Action की तरफ जो लगातार रूप से,

M कायम रखा जा सकेगा उस Motivation के द्वारा जो आपको अपने DREAM को हकीकत बना देगा।

आप उस समय ऐसा कौन-सा निर्णय ले सकते हैं जो आपको अपने लक्ष्य के निकटतर ले जाएगा?

"यह दिमाग ही है जो अच्छाई या बुराई सुख या दुख गरीब या अमीर बनाता है।"

एडमण्ड स्पेन्सर

आप अपना भविष्य निर्धारित कर प्राप्त कर सकते हैं

जो भी आप लक्ष्य निर्धारित करें, यदि उसके लिए आपको पूर्ण विश्वास है कि आप प्राप्त कर लेंगे और यदि आप भावनात्मक रूप से उस वांछित लक्ष्य से सम्बद्ध रहते हैं तो आपका वह स्वप्न निश्चित ही सत्य बनकर उभरेगा। उदाहरण के लिए अर्नाल्ड श्वार्कलेकर के जीवन की एक घटना ले सकते हैं। सन् 1968 में अमेरिका (यू.एस.) में आने के बाद उसने एक भविष्यवाणी की: वह एक सिने स्टार बनेगा, लाखों कमाएगा, एक मशहूर खूबसूरत हस्ती से विवाह करेगा एवं राजनीतिक शक्ति-सत्ता प्राप्त करेगा। उसका विगत ऐसा कुछ भी करने के लिए कोई आसार नहीं दे रहा था-बल्कि हतोत्साहित ही कर रहा था। वह तो एक आस्ट्रिया का बॉडी बिल्डर था जिसके पास न अंग्रेजी ज्ञान था न धन। लेकिन उसने किसी और की बात नहीं सुनी और अपनी धुन में बढ़ता गया। वैसे अर्नाल्ड के अभिनय या राजनीति के बारे में हम कुछ भी कहें उसके आत्म-विश्वास पूर्ण कल्पना एवम् इच्छा शक्ति को नकारना मुश्किल है। वाकई में उसका जवाब नहीं। उसी के शब्दों में कहें तो: "मुझे सातवें दशक के अंतिम वर्षों में ही मालूम पड़ गया था कि मैं एक विजेता हूँ। मुझे भान था कि मेरी नियति मुझसे बड़े-बड़े काम करवाने वाली है। लोग कहेंगे कि इस प्रकार सोचना दंभ पूर्ण है। मैं मानता हूँ। विनय या दंभहीनता से मेरा कोई वास्ता नहीं-उम्मीद है कि आगे भी कभी नहीं होगा।

अपने भविष्य के बारे में आपकी कौन सी धनात्मक तस्वीरें आपके दिमाग में हैं?

"हम वह हैं जो हम सोचते हैं,
अपने विचारों से हम अपना स्वरूप लेकर उठते हैं
और इन विचारों से ही हम अपना विश्व बनाते हैं।"
बुद्ध

अपने लक्ष्य को प्रत्येक क्षण महसूस करो

कल्पना करें कि अब से एक साल के अन्दर आपने अपने सारे प्रमुख लक्ष्य प्राप्त कर लिए हैं? उस स्थिति में आप जीवन के बारे में कैसा महसूस करते हैं? ऐसे प्रश्न आपको अपना लक्ष्य प्राप्त करने के लिए सदैव प्रेरित करते रहेंगे।

प्रसिद्ध युद्ध कला विशारद बुद्ध जी ने लक्ष्य घोषित करने की शक्ति को समझा था। उसने स्वयं को एक गोपनीय पत्र लिखा जिसमें उसने घोषणा की कि 1980 तक वह यूनाईटेड स्टेट्स ऑफ अमेरिका का सर्वाधिक पहचाना पूर्वी सिनेमा स्टार बन जाएगा और तब तक उसके पास एक करोड़ डॉलर आ चुके होंगे। इत्तफाक से यह स्वप्न तो 1973 में ही फलीभूत हो गया जब उसने 'एन्टर दी ड्रेगन' फिल्म बनाई। उसका यह पत्र न्यूयार्क सिटी के 'प्लेनेट हॉलीवुड' में अभी भी सुरक्षित रखा है।

दूर कहाँ जाए, हमारे अपने क्रिकेट के उन्हें उस्ताद सचिन तेंदुल्कर का भी यही विश्वास है। एक दिवसीय अन्तर्राष्ट्रीय मुकाबलों में 35 शतक ठोंकने के बाद सचिन तेन्दुल्कर ने कहा था: "हर मैच के पूर्व मैं मानसिक कल्पना करता हूँ कि मैंने इसमें सैकड़ा ठोंका है। यही मैंने इस मैच के पूर्व भी सोचा था। किसी भी मैच के पहले मैं कुछ तैयारियाँ करता हूँ-यह भी उन तैयारियों का एक हिस्सा है।"

स्वयं के लिए एक गोपनीय पत्र लिखें।

मात्र एक ध्येय से जो आपके जीवन प्रगति का सही मूल्यांकन नहीं कर सकता है। ध्येय से भी ज्यादा महत्त्वपूर्ण पथ का सही चुनाव है। अपनी दिशा पहचान कर अपने लक्ष्यों की तरफ संलग्न रहें।

अपनी धनात्मक दिशा की पहचान करें।

"वे ऐसा कर सकते हैं क्योंकि वे सोचते हैं कि वे ऐसा कर सकते हैं।"
वर्जिल

किसी भी क्षण में खुश रहने की तकनीक

आप स्वयं को खुश कैसे कर सकते हैं? क्या निर्मल आनन्द, सुख और आह्लाद की अनुभूति आप इस क्षण कर सकते हैं?

उस अनुभव की कल्पना करें जो आपको पूरी तरह खुश कर सकता हो। अपने मस्तिष्क के कैनवस पर उसकी पूरी तस्वीर उतारिए और इसी भाव से अभिभूत होने की अभिव्यक्ति अपने चेहरे पर लाइए-उसी तरह सांस भरिए, अपने शरीर को गतिमान करिए और उसी पकार अपनी नब्ज देखें मानों यह सब कुछ वास्तविकता में घटित हो रहा है। क्या आपको कोई आह्लादित उत्तेजना का अनुभव नहीं हुआ? क्या ऐसा संभव नहीं कि किसी भी क्षण आप ऐसा महसूस कर सकें?

दलाई लामा की यह मशहूर उक्ति याद रखिए: "हमारे विचार और भावनाओं पर निक्षेपण हमारे ऋणात्मक आवेगो का होता है न कि धनात्मक आवेगों का। हमें इसी क्रम के चक्र को उलटने की जरूरत है।"

सिर्फ अपना फोकस बदल दें और आप कभी भी खुश महसूस कर सकते हैं-अभी-अभी भी। किसी भी अनुभव की अनुभूति और चेतना कई तरह से महसूस की जा सकती है। सनसनी तो शरीर से गुजरती ही रहती है। नीचे दिए गए दो रहस्यों का ज्ञान आपकी काफी मदद कर सकता है

1. अपने मानसिक केन्द्र बिन्दु (फोकस) को बदल लें।
2. किसी सुखदाई स्मृति का चित्र मानस पटल पर खींचें।

आप किस प्रकार हर्ष और आनन्द ठीक इस समय महसूस कर सकते हैं?

"यदि किसी उपलब्धि प्राप्ति का मुझमें विश्वास है, तो मुझमें उसके लिए क्षमता भी विकसित हो जाएगी जो चाहे शुरुआत में मेरे पास न हो।"

महात्मा गांधी

"तुम्हारे अंदर हर शक्ति है-उस पर विश्वास करो। मत सोचो कि तुम कमजोर हो-उठकर खड़े हो जाओ और अपने अंदर की दैवी शक्ति अभिव्यक्त करो।"

स्वामी विवेकानन्द

असफलताएं ज्यादा महान सफलताओं की तरफ ले जाती हैं

यदि तुम्हारा लक्ष्य पाने का पहला प्रयास असंभावना दिखाए तो तुम अपना आधार बदलोगे कि उसी से लगे रहोगे? तुम्हें लगे रहना चाहिए।

मानव व्यक्तित्व की लगन एक बहुत बड़ा गुण है। सिर्फ रुचि रखने से काम नहीं चलने वाला–आपमें पूरी प्रतिबद्धता होनी चाहिए। संभव है छोटी अवधि की असफलताएं आपकी इच्छा शक्ति दृढ़तर कर दें और भविष्य की सफलताओं के लिए एक नई अंर्तदृष्टि प्रदान कर दें। जब थॉमस एडीसन 10,000 वॉट लैड की बैटरी बनाने के व्यर्थ प्रयास कर चुके तो एक रिपोर्टर ने उनसे पूछा: "मि. एडीसन! आप अपनी असफलता के बारे में कैसा महसूस कर रहे हैं।" एडीसन ने जवाब दिया "यह असफलताएं नहीं, सफलताएं हैं। अब मुझे सफलतापूर्वक ज्ञात हो गया कि लोड बैटरी बनाने की कौन सी 10,000 तरकीबें नहीं कामयाब हो सकती हैं।"

अपने असफल प्रयासों का स्वयं मूल्यांकन करें और देखें कि आप उनसे क्या सीख सकते हैं। क्या आप इन नई अन्र्तदृष्टियों को भविष्य की महती सफलताओं के लिए प्रयुक्त नहीं करेंगे?

अपनी उस असफलता को पहिचानें जिसके कारण आप एक बड़ी सफलता पाने में कामयाब रहे।

"अनुभव वह नहीं जो कोई आदमी भोगता है, बल्कि वह है जिसके द्वारा जो उसके साथ हुआ उससे वह समझ लेता है।"

एल्डाउस हक्सले

अपने संघर्ष के हर क्षण का आनन्द भोगें

हर्ष और खुशी से आप कभी भी मुँह नहीं मोड़ सकते। जीवन में आनन्द उठाने के लिए किसी बड़े ध्येय को पाने तक रुकना उचित नहीं है। हर क्षण महत्त्वपूर्ण है-इस पर एकाग्र रहें यानी वर्तमान पर। हर दिन को पूरा जिएं और हर क्षण का पूरा आनन्द प्राप्त करें। याद रखें-जब हम ऋणात्मक रूप से सोचते है, तो हमारे खून में श्वेत सेल्स की संख्या कम होने लगती है-और यही वे सेल्स या कोशिकाएं हैं जो हमें अवसाद या दबाव (डिप्रेशन) दूर करने में मदद करती हैं। श्वेत सेल्स के कम होने से हम आसानी से बीमार पड़ जाते हैं। इसका उलट भी उतना ही सही है-यानी यदि हम खुश रहें तो हममें रोम प्रतिरोधक शक्ति ज्यादा बनती है और हम अवसाद व रोगों का ज्यादा ताकत से सामना कर सकते हैं।

मनोभाव	शरीर विज्ञान
(Emotion)	(Physiology)

अपनी शारीरिक या भौतिक स्थिति सोचना भी आवश्यक है। जब कोई गुस्से में हो या अवसादग्रस्त हो तो वह व्यक्ति ज्यादा धूम्रपान, मदिरापान या भोजन करने लगता है। इससे निजात पाने का एक जरूरी कदम है: ध्यान लगाना, व्यायाम करना या गाना ही गाने लगना। ढलके हुए कंधे और लटका हुआ सर निम्न स्तरीय भावनात्मक स्थिति के द्योतक हैं। जब हम उत्साहपूर्ण होते हैं तो हमारा कद ऊँचा होता है, कन्धे तने हुए तथा साँस गहरी और पूरी हो जाती है।

इस प्रकार अपने शरीर-स्थितियों या दैहिकी को परिवर्तित कर आप अपने मनोभावों में बदलाव ला सकते हैं क्योंकि हर एक मनोभाव की एक खास दैहिक स्थिति भी होती है। दोनों एक-दूसरे से सम्बद्ध रहते हैं।

किसी ऐसी धनात्मक आदत पर विचार करें जो आपको ऋणात्मक मनोभाव पर हावी होने में मदद कर सके।

"कोई बदलाव स्वयं नहीं आता, हम लाते हैं।"

हेनर्स डेविड थोरो

मुस्कान

मुस्कुराइए और दुनियाँ आपके साथ मुस्कुराती है

जब आप हँसते हैं तो आपकी रोग-संक्रमण प्रतिरोधक शक्ति में वृद्धि होती है और कोशिकाओं को रोगादि के विरुद्ध लड़ने के लिए ताकत मिलती है। हँसी से रक्तचाप भी सही रहता है, शिराओं में खून तेजी से दौड़ता है और खून में ऑक्सिजिनेशन की रफ्तार भी बढ़ जाती है। परिणामस्वरूप जीवन यापन के ढंग से जुड़ी बीमारियाँ-यथा कैंसर, रक्तचाप सम्बन्धी रोग एवम् मधुमेह-इत्यादि के हावी होने की संभावना भी घट जाती है। अतः अगले हफ्ते से रोज कम से कम पाँच बार दर्पण के सामने खड़े होकर कुछ न करें और सिर्फ मुस्कुराएं। शुरु-शुरु से यह थोड़ा मूर्खतापूर्ण व भौंडा भी लग सकता है लेकिन आप महसूस करेंगे कि आपके शरीर से निरन्तर हर्ष बह रहा है। निश्चित ही थोड़ी देर में आपको शारीरिक रूप से भी सुकून मिलने लगेगा।

विगत का कोई ऐसा किस्सा याद करें जिससे आप तुरंत हँसने पर मजबूर हो जाएं।

जहाँ कोई दर्शन/अवलोकन नहीं वहाँ लोग विनष्ट हो जाते हैं।

कहावत्रे 29.18

मनोभाव-नियंत्रण-तंत्र

(Emotion Control Mechanism)

यह समझ लीजिए कि आप अपने फिक्स या केन्द्र-बिन्दु को पुनः निर्देशित कर अपने शरीर की स्थिति में फर्क ला सकते हैं और इस प्रकार अपने मनोभावों के क्षेत्र को विस्तृत कर सकते हैं।

इस समय कोई भी ऐसा धनात्मक मनोभाव आप चुन लें और शरीर की ध्वनि द्वारा ऐसा ही दिखाएं मानों वही मनोभाव आप इस समय महसूस भी कर रहे हैं। इसी मनोभाव के अनुसार अपनी वाणी का स्वर दिखाएं और भाव भंगिमाएं भी इसी के अनुरूप दिखाएं। आप देखेंगे कि शारीरिक स्थिति में तुरंत एक स्वागत योग परिवर्तन आने लगा है।

विगत का कोई अनुभव याद कीजिए जब आप अपने शारीरिक स्थिति में परिवर्तन लाकर मानसिक स्थिति को भी बदलने में कामयाब हुए थे।

"संभाव्य की सीमा ढूँढने के लिए असंभाव्य के क्षेत्र में फँसना आवश्यक है।"

ऑर्थर सी. क्लार्क

जब चिन्तित हों तो इसे याद रखें

जीवन में कभी तो आप बेहद गुस्सा, हताश एवम् परेशान हुए होंगे। लेकिन अब आप उसी स्थिति पर चैन से विचार कर सकते हैं और थोड़ा हँस भी सकते हैं। उस बेहद दबाव देने वाली स्थिति पर एक बार दुबारा हँसे। अचानक आपको यह नहीं महसूस होता कि अब आपका स्थिति पर ज्यादा अच्छा नियंत्रण है? दवा-चिकित्सा के क्षेत्र में नोबल पुरस्कार से सम्मानित डॉ. एजेक्सिस कैरेल के अनुसार ऐसा करना पूरी तरह न्यायोचित है क्योंकि उनका कहना है: "वे व्यापारी जो चिन्ता से लड़ना नहीं जानते जवाँ-मृत्यु को प्राप्त होते हैं।"

उस दबावग्रस्त स्थिति पर विचार कीजिए जिस पर इस समय आप हँस सकते हैं।

"जो अपना दिमाग नहीं बदल सकते कुछ भी नहीं बदल सकते।"

बर्नाड शा

केन्द्र-बिन्दु (फोकस)-मनोभाव-क्रिया

कभी ऐसा भी हुआ होगा कि आपने अपने साथी (सहयोगी) से घर पर एक समय पर होने की अपेक्षा की होगी और उसे विलम्ब हो गया होगा। तब आपको कैसा महसूस हुआ था? वह आपकी परवाह नहीं करता? आपका ख्याल नहीं करता? क्या आपकी चिन्ता का सार बढ़ा नहीं था और क्या आपने दुर्घटना का भय नहीं महसूस किया था? क्या आपने उसे आपके लिए फूल लाने में मना नहीं करने की सोची थी?

1. वस्तुतः हमारे ध्यान का केन्द्र-बिन्दु हमारी भावना निश्चित करता है।

2. और वह भावना हमारी क्रिया सुनिश्चित करती है।

उन प्रश्नों को स्पष्ट करें जो आपको तुरन्त सकारात्मक कदम उठाने में मदद कर सकते हैं।

"जैसा मनुष्य अपने दिल में सोचता है, वैसा ही वह हो जाता है।"

बाइबिल

(ध्यान) कहाँ केन्द्रित करें?

यदि आप अपना ध्यान बार-बार उन्हीं स्थितियों पर केन्द्रित करेंगे जो आपको भयाकुल करती हैं तो निश्चित समझिए कि आपके वे सब खतरे सच हो जाएंगे। उदाहरण के लिए जब आप तेजी से अपनी कार ड्राइव कर रहे हैं और वह थोड़ा फिसलने (स्किड) लगती है तो आप तुरन्त देखते हैं कि सामने कोई दीवार तो नहीं आ रही जिससे आप भिड़ जाएं? यह एक सहज प्रतिक्रिया होती है-परन्तु यदि आप डर गए तो हो सकता है कि आप कार को किसी और चीज से ही भिड़ा दें।

डरें मत और अपने जीवन से अपने ध्यान के केन्द्र बिन्दु की तरफ ले जाएं-यानी संभावित टक्कर यानि दीवार से परे-उस तरफ जहाँ चौड़ा और ऊँचा घुमाव हो। अपना ध्यान सदा उस पर ही केन्द्रित करें जो आप चाहते हों कि हो-न कि उस पर जो आप चाहते हों कि न हो। ऐसा करेंगे तो आपका कर्म अपना स्वाभाविक मार्ग ग्रहण करता रहेगा।

यानी सदैव उस पर ध्यान ग्रहण करता रहेगा।

यानी सदैव उस पर ध्यान केन्द्रित करें जो आप चाहते हों और जिसके योग्य हों।

आप अपने उस केन्द्र-बिन्दु को किस तरह पहचानेंगे जो आपको आपके स्वप्नों के सत्य तक ले जाएगा।

"यदि आप वाकई कुछ चाहते हैं तो आप उसको प्राप्त करने की स्थिति भी पैदा कर लेंगे।"

चेर

किस प्रकार दिमाग असंभाव्य के समकक्ष पहुँच जाता है

कई वर्षों तक चार मिनट में दौड़ाकर 1 मील पार करना असंभव माना जा रहा था। लेकिन रोजर बैनिस्टर ने इस भ्रम को तोड़ा और 3 मिनट 59 सेकेण्ड्स में वह 1 मील दौड़ गया।

उसने अपनी विजय मानसिक चित्र इतनी दृढ़ता से खींचा था कि उसके स्नायु संस्थान ने भी यही सिग्नल अपने में जज्ब कर लिया था और इस प्रकार उसने अपनी काल्पनिक मानसिक शक्ति को भौतिक शारीरिक सत्य में बदल डाला। बैनिस्टर का अनुगमन करते हुए एक साल के अन्दर ही कई और धावकों ने ऐसा ही कर दिखाया।

आपको अपने भ्रम की सीमाएं तोड़नी होंगी और तभी एक असंभाव्य लक्ष्य संभाव्य उपलब्धि हो सकता है। ऐसा करेंगे तो न सिर्फ आप अपना जीवन बदल डालेंगे वरन् अपने आस-पास के जीवन में भी एक क्रांति ले आएंगे। स्वामी विवेकानन्द के शब्दों में: "मानव के अन्दर अनन्त शक्ति है जिसे वह चरितार्थ कर सकता है। ऐसा हो सकता है पर आपको विश्वास ही नहीं होता।"

कामकाज होने पर आपकी अपने बारे में क्या भौतिक छवियाँ हैं जिनकी आपने कल्पना कर रखी है?

"यह अपने पर विश्वास की कमी है जो लोगों को चुनौतियों से डराती है-और मुझे अपने पर विश्वास था।"

मुहम्मद अबी

शक्तिवान जीवन के लिए शक्तिशाली प्रश्न

आपके कौन से व्यक्तिगत शक्तिवान प्रश्न हैं जो आपके प्रदर्शन को ऊँचा कर सकते हैं?

"हे अर्जुन! हमारी प्रकृति के अनुरूप हमारा विश्वास बनता है। मानव प्रकृति विश्वास से बनती है। वास्तव में एक व्यक्ति अपने विश्वास का ही प्रतिफल है।"

भागवद् गीता

बेहतर महसूस करने की तंत्र-व्यवस्था

यदि जीवन में आपकी कोई कष्टपूर्ण स्थिति मिलती है तो या तो आपका उसके देखने के तरीका उस कष्ट का कारण होगा या वह आपके चालू क्रिया-कलापों का परिणाम होगा। तो यदि आप किसी स्थिति को कष्टपूर्ण महसूस करते हैं तो या तो उसे देखने के तरीके में बदलाव लाएं या अपने चालू क्रिया-कलाप में परिवर्तन करें। यानी दूसरे शब्दों में आप अपने काम करने के ढंग में ही परिवर्तन लाएंगे।

आपको हैरानी होगी यह जानकर कि लोगों ने दुखी रहने के तो अनन्त तरीके ढूँढ रखे हैं (दुख के नियम) जबकि खुश रहने के तरीके बहुत थोड़े हैं (सुख के नियम)। लेकिन 'नेशनल जियोग्राफिक मैगजीन' में छुपी एक रिपोर्ट के अनुसार जब हम प्रेम में डूबे होते हैं तो हमारे मस्तिष्क में ऐसी रसायनिक क्रियाएं होती हैं जिससे हम भौतिक रूप से ज्यादा शक्तिशाली एवम् सक्रिय बन सकते हैं।

अभी एक धनात्मक नियम निर्धारित कर लें जिससे लगे कि आपको जीवन में ज्यादा प्यार मिला है।

किस प्रकार आप बेहतर महसूस कर सकते हैं।

"हमारे शरीर हमारे बगीचे हैं...और हमारी इच्छाएं उनकी माली"

विलियम शेक्सपियर

आप कभी असफल नहीं हो सकते

जब किसी के जीवन में कोई सफलता आती है तो उससे पहले वह काफी अस्थाई हार और शायद कुछ असफलताएं पा चुका होता है। जब हार हावी हो जाए तो अक्लमन्दी इसी में है कि मैदान छोड़ दिया जाए। यही ज्यादातर लोग करते भी हैं।

स्वामी विवेकानन्द का कहना है कि "हमारे हर क्रियाकलाप में त्रुटियाँ और गल्तियाँ हमारी शिक्षक हैं। जो गल्तियाँ करता है, सत्य का पथ उसको ही प्राप्त होता है। कोई पेड़ या पत्थर गल्तियाँ थोड़े ही करते हैं। जानवर तो प्रकृति के निश्चित नियम को कभी भंग भी नहीं करते। यह आदमी ही है जो गलती करता है और वही पृथ्वी पर ईश्वर भी बनता है।"

आपको ऐसी कौन सी हार मिली जो बाद में जाकर आपकी विजय का मुख्य स्रोत बनी?

"विजय की शुरुआत प्रारंभ से ही होती है।"

अज्ञात

ऋणात्मक लोगों से बचें - यह आपका अधिकार है

ऋणात्मक सोच वाले लोगों ने थॉमस एडीसन को लगातार यह समझाने की कोशिश की कि वे कभी भी मानव वाणी को पुनरुत्पादित करने वाली मशीन नहीं बना पाएंगे, क्योंकि उनका दावा था कि, "आज तक कोई ऐसा नहीं कर पाया है।" एडीसन ने उनकी बात कतई नहीं मानी क्योंकि उसे मालूम था कि आदमी का दिमाग कुछ भी कर सकता है; कुछ भी सोच कर, समझ कर उसको सामने बना सकता है। इस ज्ञान ने ही एडीसन को साधारण लोगों के समूह से ऊपर उठा दिया और वह अपने प्रयोग में अंततः सफल हुए।

आप इस समय स्वयं को कैसा समझना चाहते हैं जिससे आपको एकदम उत्तेजना महसूस होने लगे?

"कभी 'न' मत करो, कभी यह मत कहो कि मैं नहीं कर सकता-क्योंकि तुम अनन्त हो-तुम कुछ भी और सभी कुछ करने में सक्षम हो क्योंकि तुम स्वयं सर्वशक्तिमान (ईश्वर) हो।"

स्वामी

विगत अनुभवों द्वारा मजबूत आज

"मुझे एक लीवर (उत्तोजक) दो,
और उसे रखने का एक आधार दो,
और मैं दुनिया को घुमा दूँगा।"

आर्किमीडीज

आप अपने लिए तो सर्वाधिक विशाल उत्तेजना या लीवरेज पीड़ा से भी प्राप्त कर सकते हैं जो अंदर से आती है, बाहर से नहीं। यह समझ कर कि आप अपने स्तर से जीवन यापन नहीं कर पाए, जीवन आपके लिए पीड़ा ही प्रतीत होगा। जब लैन्स आर्मस्ट्रांग लीग-बैस्टोग्ने के लिए साईकिलिंग कर रहा था उसके फेबियो कसार टेली नामक अपने दल का एक प्रतिभावान साथी खो दिया। आर्मस्ट्रांग के अनुसार एक प्रतिभावान साथी को खोने की पीड़ा ने उसके शरीर में इतनी एड्रीनेलीन भर दी कि इसी दुख के कारण वह क्लासिका सैन सैबिस्टीयन जीत पाया और यह जीत उसने उसी साथी फैबियो को समर्पित कर दी। भारत का मशहूर सिनेमा स्टार शाहरुख खान भी इस बात को मानता है। किंग खान का कहना है, "जब भी मैं स्टेज पर जाता हूँ तो मैं अपनी माँ, परिवार और जीवन में विचार उम्दा समय का ख्याल करता हूँ...यह खयाल मेरी आँखों में आँसू भर लाता है और उस भय को भस्म कर देता है जो स्टेज पर जाने के पूर्व मैं महसूस कर रहा था।

किसी अपने ऐसे अनुभव का जिक्र करें जिसने आपको एक सकारात्मक काम करने की प्रेरणा दी हो।

"कभी संसार में कुछ भी बिना महान लोगों के उपलब्ध नहीं किया जाएगा और आदमी महान तब होता है जब वह ऐसा होने के लिए कटिबद्ध हो जाता है।"

चार्ल्स डी. गॉल

विश्वास की इलैक्ट्रोमैग्नैटिकक शक्ति

जब भारत के पूर्व राष्ट्रपति, डॉ. ए.पी.जे. अब्दुल कलाम इण्डियन एयर फोर्स के लिए क्वालिफाई नहीं कर पाए थे तो स्वामी शिवानन्द की जिन पंक्तियों ने उन्हें सकारात्मक सोच कायम रखने की प्रेरणा दी, वे थीं, "यदि तुम सच्चे हृदय से स्वप्न देखते हो और तुम्हारे स्वप्न पवित्र और लक्ष्य-केन्द्रित हैं तो उनमें एक अद्वितीय इलैक्ट्रो-मैग्नैटिक शक्ति का समावेश हो जाता है। इसलिए जब दिमाग सोता है तो वह शक्ति की नीरवता में बाहर जाती है और भोर के साथ अन्य दैवी पिण्डों की शक्ति को साथ लेकर वापस आती है और मस्तिष्क में एक ब्रह्माण्डीय शक्ति भर देती है। आपको इस शक्ति पर विश्वास करते हुए यह मानना पड़ेगा कि सूर्य कल भी निकलेगा।

किस प्रकार स्वामी शिवानन्द के ये शब्द आपको अपने सीमित विश्वासों पर विजय प्राप्ति की प्रेरणा देते हैं:

"चीजें खुद ही नहीं बदलतीं, हम उन्हें बदलते हैं।"

हेनरी डेविड थोरो

इच्छा शक्ति की ताकत

"वे मेरी आत्मा नहीं काट सकते जब तक कि मैं जिन्दा हूँ"-यह कथन था-पंजाब के मानसा के गाँव बुर्ज झावर के दलित गायक बन्त सिंह का। उसके हाथ-पैर निर्दयता से काट डाले गए थे। ऐसा वहाँ के निर्मम जाट जमींदारों ने किया था जब बन्त सिंह ने अपनी अवयस्क कन्या के बलात्कार के विरुद्ध प्रतिवाद किया था। इस हृदय द्रावक घटना ने बन्त सिंह को अपाहिज नहीं किया वरन् सारी दुनियाँ में, ब्रिटेन व अमेरिका में, दक्षिणी एशिया में लोगों को एक जुट कर दिया था। अपने और अपने साथी भाइयों के विरुद्ध इस जघन्य अपराध के विरुद्ध अपनी अदम्य आवाज में बन्त सिंह ने कहा था, "मेरे अंग काट दिए गए हैं परन्तु मेरी जबान कायम है और मैं जिन्दा हूँ और जब तक मैं जिन्दा हूँ मैं गरीबों और असह्यों की तरफ से लड़ता रहूँगा।"

क्या यह घटना हमें प्रेरक करने को काफी नहीं कि हम भी ऐसा कर सकते हैं। आखिरकार हमारा दिमागी अपाहिजपन बन्त सिंह के शारीरिक अपाहिजपन से तो ज्यादा नहीं है?

बन्त सिंह के उदाहरण से आपको क्या प्रेरणा मिलती है:

"आदमी वह है जो वह सोचता है।"

एन्टम चेखोव